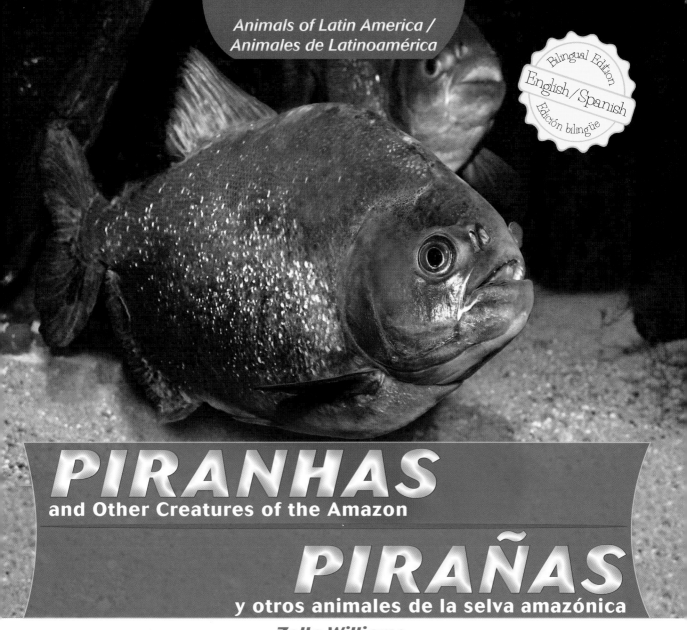

Animals of Latin America /
Animales de Latinoamérica

Bilingual Edition
English/Spanish
Edición bilingüe

PIRANHAS
and Other Creatures of the Amazon

PIRAÑAS
y otros animales de la selva amazónica

Zella Williams

Traducción al español: Ma. Pilar Obregón

PowerKiDS press. & **Editorial Buenas Letras**™
New York

Published in 2010 by The Rosen Publishing Group, Inc.
29 East 21st Street, New York, NY 10010

First Edition

Editor: Joanne Randolph
Book Design: Kate Laczynski
Photo Researcher: Jessica Gerweck

Photo Credits: Cover, p. 1 © Juniors Bildarchiv/age fotostock; p. 5 © Morales/age fotostock; p. 7 Paul A. Zahl/Getty Images; pp. 9, 11 Shutterstock.com; p. 13 Dea/C. Bevilacqua/Getty Images; p. 15 Ed George/ Getty Images; p. 17 Joseph Van Os/Getty Images; p. 19 © Biosphoto/Hubert Yan/Peter Arnold, Inc.; p. 21 © Michael Krabs/age fotostock.

Library of Congress Cataloging-in-Publication Data

Williams, Zella.
  Piranhas and other creatures of the Amazon = Pirañas y otros animales de la selva amazónica / Zella Williams. — 1st ed.
       p. cm. — (Animals of Latin America = Animales de Latinoamerica)
  Includes index.
  Parallel text in English and Spanish.
  ISBN 978-1-4042-8147-9 (library binding) — ISBN 978-1-4358-3386-9 (pbk.) — ISBN 978-1-4358-3387-6 (6-pack)
  1. Piranhas—Amazon River Region—Juvenile literature. I. Title. II. Title: Pirañas y otros animales de la selva amazónica.
  QL638.C5W56 2010
  597′.48—dc22
                                        2009007702

Manufactured in the United States of America

Contents

Contenido

What is that churning and splashing in the water? If you are in the Amazon River **basin** of South America, you could be looking at piranhas. Piranhas are colorful fish with lots of sharp teeth. When a group of these fish get together to eat, it is called a **feeding frenzy**. You will want to stay clear of the water during one of those!

¿Qué ves salpicar en el agua? Si estás en la **cuenca** del río Amazonas en Sudamérica, podría tratarse de pirañas. Las pirañas son peces de muchos colores y dientes muy filosos. Cuando un grupo de pirañas se reúne para comer se hace un **frenesí**. Es una buena idea no meterse al agua a la hora de la comida de las pirañas.

Piranha feeding frenzies sound scary, but they are not that common. Piranhas generally come together to keep themselves safe from enemies, not to eat animals.

El frenesí con el que comen las pirañas da miedo, pero no es algo que ocurra con frecuencia. Generalmente, las pirañas se reunen para protegerse de otros animales y no para comer animales.

While piranhas are found throughout the Amazon River basin, they make their homes in other places throughout South America, too. Piranhas live in freshwater rivers, streams, swamps, lakes, and ponds from Venezuela to northern Argentina. These fish are an important part of their **habitat**. People that live near piranhas depend on them for food and use their **jaws** as tools.

Aunque las pirañas se encuentran a lo largo del río Amazonas, estos peces viven en otros lugares de Sudamérica. Las pirañas viven en ríos de agua dulce, arroyos, pantanos, lagos y estanques desde Venezuela hasta Argentina. Estos peces son importantes para su **hábitat**. La gente que vive cerca de las pirañas depende de ellas como alimento. Además utiliza sus **mandíbulas** como herramientas.

People have been making piranhas' jaws and teeth into cutting tools for many hundreds of years. In fact, some people in Brazil call scissors "piranhas" after the fish.

Durante cientos de años, las mandíbulas y dientes de las pirañas se han usado para hacer herramientas. De hecho, algunas personas en Brasil, llaman "pirañas" a las tijeras.

Most piranhas have a round body and are generally around 1 foot (30 cm) long. Piranhas are well known because of their teeth. These fish have one row of teeth on the top jaw and one on the bottom jaw. Generally, the bottom jaw sticks out farther than the top one. This lets their sharp teeth slide against each other, like a pair of scissors.

La mayoría de las pirañas tienen un cuerpo redondeado y miden cerca de 1 pie (30 cm) de largo. Las pirañas son famosas por sus dientes. Los dientes están acomodados en dos filas, una superior y una inferior. Pero, generalmente, la fila inferior se encuenta muy por delante de la superior. Esto permite que los dientes se deslicen unos sobre los otros, como un par de tijeras.

Many piranhas, such as this one, have shiny gold and silver scales that make their bodies sparkle.

Muchas pirañas como esta tienen escamas brillantes de color plata y oro.
Esto hace que su cuerpo brille.

Many people think piranhas are a danger to people. They think piranhas will eat anything that moves in the water. This is not really true, though. Many kinds of piranhas eat seeds and leaves. Some feed on the **scales**, fins, and tails of other fish. Many piranhas also eat dead animals that fall into the water.

Mucha gente cree que las pirañas son peligrosas para los seres humanos. Estas personas creen que las pirañas se comen todo lo que se mueve en el agua. Pero eso no es cierto. Muchas clases de pirañas comen hojas y semillas. Algunas se alimentan de las **escamas**, las aletas y las colas de otros peces. Otras pirañas comen animales muertos que caen en el agua.

Only a few kinds of piranhas can really hurt a person or a large, healthy animal.
One of these kinds is the red-bellied piranha, shown here.

Sólo algunas pirañas pueden hacer daño a una persona o a un animal de tamaño grande.
Una de estas es la piraña de panza roja, como la que vemos aquí.

Piranhas have an important job to do. They keep the water clean by eating dead animals that would otherwise **poison** the water. They also keep the fish **population** healthy by eating sick, hurt, or weak fish. Some piranhas that eat seeds spread the seeds to new parts of the forest. This helps new trees grow.

Las pirañas cumplen un importante trabajo. Cuando comen animales muertos, las pirañas mantienen el agua limpia y evitan que se **contamine**. Además, al comer los peces que están enfermos, dañados o débiles, las pirañas mantienen sana a la **población** de peces. Algunas de las pirañas que comen semillas las reparten en otras zonas de la selva. Esto ayuda a crecer nuevos árboles.

Animals that eat dead animals are called scavengers.
Scavengers, like piranhas, help keep their habitats healthy.

A los animles que comen animales muertos se les llama carroñeros.
Los carroñeros. como las pirañas, mantienen su hábitat sano.

As the piranha finds a place to hide for the night, it might see a huge, long shape swim by. This long shape is the anaconda. This snake lives in swampy places throughout the Amazon basin. The anaconda often enters the water to hunt. The snake does most of its hunting at night. It eats fish, birds, small animals, and caimans.

Cuando la piraña busca un lugar para esconderse durante la noche, puede ver un largo animal nadando por ahí. Este animal es la anaconda. Estas serpientes viven en zonas pantanosas a lo largo de la cuenca amazónica. Con frecuencia, la anaconda entra al agua para cazar. Esta serpiente sale de cacería durante la noche. La anaconda come peces, aves, caimanes y animales pequeños.

The anaconda is a huge snake that is generally around 20 feet (6 m) long. It wraps itself around the animal it plans to eat so tightly that the animal cannot breathe.

Las anacondas son grandes serpientes que llegan a medir unos 20 pies (6 m) de largo. La anaconda se enrosca a sí misma y atrapa al animal que va a comer, evitando que respire.

15

One of the animals the anaconda might hunt is the black caiman. The black caiman is a kind of crocodile that lives in many freshwater habitats in South America, including the Amazon basin. The caiman can grow to be up to 20 feet (6 m) long. It hunts mainly at night and eats piranhas, catfish, and other animals.

Uno de los animales que suele cazar la anaconda es el caimán negro. El caimán negro es un tipo de cocodrilo que vive en muchos lugares de agua dulce de Sudamérica, incluyendo la cuenca amazónica. El caimán puede tener hasta 20 pies (6m) de largo. El caimán caza de noche y come pirañas, barbo y otros animales.

Black caimans are the largest species, or kind, of alligator in the world. All alligators are part of the crocodile family.

Los caimanes negros son la especie, o tipo, de lagarto, más grande del mundo. Los lagartos pertenecen a la familia de los cocodrilos.

17

There is another animal swimming in the Amazon River. It is the Amazon River dolphin, or boto. This freshwater dolphin does not look like the dolphins that swim in the ocean. For one thing, its skin is pink! It also has longer flippers and a raised bump on its back instead of a tall, triangular fin.

Otro animal que nada en el Amazonas es el delfín rosado, o boto. Este delfín de agua dulce no se parece mucho a los delfines que viven en el océano. Para comenzar, ¡la piel de este delfín es de color rosa! Además, tiene aletas más grandes y un abultamiento en el lomo en lugar de una aleta triangular.

The pink dolphin has 130 cone-shaped teeth, which it uses to eat many kinds of fish and shelled animals. This dolphin grows to be between 6 and 9 feet (2–3 m) long.

El delfín rosado tiene 130 dientes en forma de cono que usa para comer muchas clases de peces y crustáceos. Estos delfines miden entre 6 y 9 pies (2–3 m) de largo.

19

The Amazon River dolphin is a sacred animal to many people in the Amazon basin. One of the local people's names for the dolphin is *encantado*, which means "enchanted." There are many stories about this dolphin's magic. Some myths say that the pink dolphins can change into a person at any time.

Muchas personas en la cuenca del amazonas consideran al delfín rosado como un animal sagrado. En algunas poblaciones le llaman "encantado", y hay muchas historias sobre los poderes mágicos de este delfín. Algunos mitos dicen que el delfín se puede convertir en una persona en cualquier momento.

Because of the stories about pink dolphins, it is thought to be bad luck to kill the animals.

Debido a las historias alrededor de estos animales, se cree que matar
a un delfín rosado es de mala suerte.

The piranha, anaconda, caiman, and river dolphin are just a few animals that live in the Amazon River and basin. The Amazon rain forest has been around for 100 million years. Sadly, huge parts of the forest are being cut down. What if the forests in the Amazon basin disappear? What will happen to the river and the animals that live there? Let's hope we never find out!

La piraña, la anaconda, el caimán y el delfín rosado son sólo algunos de los muchos animales que viven en el Amazonas. La selva amazónica ha existido durante 100 millones de años. Desafortunadamente, muchas partes de esta selva tropical han comenzado a desaparecer. ¿Qué pasaría si la cuenca amazónica dejara de existir? ¿Qué pasaría con estos y otros animales? Por el bien de todos, esperemos que esto nunca suceda.

Glossary

basin (BAY-sin) An area of land on either side of a river.

feeding frenzy (FEED-ing FREN-zee) When a group of animals come together in an excited state to eat.

habitat (HA-buh-tat) The places where an animal or a plant naturally lives.

jaws (JAHZ) Bones in the top and bottom of the mouth.

poison (POY-zun) To cause pain or death with matter made by an animal's body.

population (pop-yoo-LAY-shun) A group of animals or people living in the same area.

scales (SKAYLZ) The thin, overlapping pieces of skin that form the outer covering of fish, as well as snakes, lizards, and other animals.

Glosario

contaminar Transmitir una sustancia capaz de causar daño o perjudicar a otros.

cuenca (la) Una zona de tierra cuyas aguas se vierten en un río.

escamas (las) Las delgadas piezas de piel que forman la capa exterior de los peces, víboras y otros animales.

frenesí (el) Ímpetu o violencia fuera de control.

hábitat (el) El lugar en el que vive una planta o un animal.

mandíbula (la) Huesos en la parte superior e inferior de la boca.

población (la) Un grupo de gente o animales que viven en la misma área.

Index

Índice

Web Sites / Páginas de Internet

Due to the changing nature of Internet links, PowerKids Press and
Editorial Buenas Letras have developed an online list of Web sites
related to the subject of this book. This site is updated regularly.
Please use this link to access the list:
www.powerkidslinks.com/anla/piranha/